AF359544

ÉLÉMENTS

DE LA

QUESTION MONÉTAIRE

LE BIMÉTALLISME RATIONNEL

IMPRIMERIE DE LA SOCIÉTÉ BELGE DE LIBRAIRIE

ÉLÉMENTS

DE LA

QUESTION MONÉTAIRE

LE BIMÉTALLISME RATIONNEL

PAR

JOSEPH NÈVE

Docteur en Droit

Chef de division au Ministère de l'Intérieur et de l'Instruction publique

BRUXELLES

SOCIÉTÉ BELGE DE LIBRAIRIE

(Société anonyme)

Oscar SCHEPENS, Directeur

16, Treurenberg, 16

—

1894

PRÉFACE

Tout le monde se sert de la monnaie et apprécie son utilité ; mais assez peu de personnes se rendent un compte exact de sa véritable nature, des lois de son fonctionnement, de l'influence qu'elle exerce sur les prix et des causes qui peuvent amener son avilissement. Et, pourtant, il n'est guère de problème qui touche plus directement que ceux-là à nos intérêts matériels. Les crises économiques les plus graves ont souvent pour cause principale une crise monétaire. Mais il semble que les questions du monométallisme et du bimétallisme occupent une place à part dans l'économie politique et que leur aridité et leur complication en défendent l'étude aux simples mortels. Il s'est créé, à cet égard, une légende, que les écrits des initiés n'ont pas en général, il faut bien le reconnaître, contribué à dissiper. La question monétaire divise, en effet, les économistes en deux camps, en désaccord complet non seulement sur les principes généraux, mais sur presque toutes les questions de détail. Pour les uns, la monnaie est une marchandise possédant une valeur intrinsèque; pour les autres, la valeur de la monnaie découle du décret du Souverain. La baisse des prix est considérée par ceux-ci comme une calamité publique, par ceux-là comme un inappréciable bienfait. Monométallistes et bimétallistes se réclament du libre-échange et répudient le protectionnisme avec une égale énergie et avec la même abondance d'arguments. Faut-il assigner une cause à la crise monétaire, une école la trouve dans la baisse de l'argent. Mais ce n'est pas l'argent qui a baissé, dit l'autre école, c'est l'or qui a monté (1). Comment reconnaître la vérité, au milieu de ces affirmations opposées ?

On se tromperait, si l'on concluait de ces contradictions que la science monétaire est un vain mot et qu'il est impossible d'en formuler les principes avec certitude. Il suffit, pour se convaincre du contraire, d'ouvrir un traité d'économie politique.

Les divergences que l'on constate dans les théories soutenues par les spécialistes proviennent de ce que

(1) Toutes ces idées ont été défendues à la conférence monétaire de 1892.

ces savants sont presque toujours les défenseurs atti-
trés d'une cause dans laquelle des intérêts matériels
sont engagés et que leur préoccupation principale et
toute naturelle est de rechercher et de faire valoir les
arguments favorables à leur thèse. Les controverses
soulevées à ce sujet portent sur des éléments de fait
et des positions à défendre, plutôt que sur une doctrine
abstraite.

Cette notice a pour but d'exposer, d'une manière
abrégée et compréhensible pour tous, les notions
élémentaires sur la monnaie et sur son rôle dans l'orga-
nisme économique. Elle rappelle l'attention sur un
système qui a failli passer dans la législation française
et qui contient, à notre avis, la solution la plus rationnelle et la plus pratique du problème monétaire.

Bruxelles, avril 1894.

Principaux ouvrages cités ou consultés.

Alph. Allard, *la Crise, la baisse des prix, la monnaie.* Bruxelles, 1885. — Id., *la Dépréciation des richesses.* Bruxelles, 1889. — Bonnet, *la Question monétaire.* Revue des Deux Mondes, novembre 1873. — Cernuschi, *la Monnaie bimétallique.* Paris, 1876. — Michel Chevalier, *de la Baisse probable de l'or.* Paris, 1859. — Id., *Cours d'économie politique.* — Id., *le Simple et le double étalon.* Revue des Deux Mondes, avril 1876. — Conférence monétaire internationale 1892. *Procès-verbaux.* Bruxelles, 1892. — Coquelin et Guillaumin, *Dictionnaire d'économie politique.* — E. de Laveleye, *la Question monétaire en 1881.* Bruxelles, 1881. — Id., *la Crise et la contraction monétaire.* Journal des Économistes, mars 1885. — Id., *le Marché monétaire.* — Id., *la Monnaie et le bimétallisme international.* Paris, 1889. — *Documents relatifs à la question monétaire,* recueillis et publiés par J. Malou. Bruxelles, 1874, 1876 et 1880. — Frère-Orban, *la Question monétaire.* Bruxelles, 1874. — J. Garnier, *Proposition de loi relative à la refonte des monnaies en France.* Journal des Économistes, octobre 1876. — Ott. Haupt, *Histoire monétaire de notre temps.* Paris, 1886. — A. Hennau, *Quelques vues sur l'émission d'une nouvelle monnaie d'or.* Bruxelles, 1839. — R. G. Levy, *l'Avenir des métaux précieux.* Revue des Deux Mondes, 15 janvier 1894. — Id., *le Change.* Revue des Deux Mondes, 1er avril 1894. — Th. Mannequin, *le Problème monétaire et la distribution de la richesse.* Paris, 1879. — E. Pirmez, *la Crise, examen de la situation économique de la Belgique.* 1884. — W. Stanley Jevons, *la Monnaie et le mécanisme de l'échange.* Paris, 1876. — Ed. Van der Smissen, *la Question monétaire envisagée au point de vue théorique.* Revue des questions scientifiques, janvier 1894. — Wolowski, *l'Or et l'argent.* Paris, 1870. — Worms, *Théorie et pratique de la circulation monétaire.* Paris, 1869.

I

La monnaie est une marchandise universellement
employée comme intermédiaire des échanges.

Sans la monnaie, les transactions humaines eussent
été limitées au troc. Donne-moi autant de blé, je te
donnerai autant de vin! voilà le troc. Cette opération,
en apparence si simple, est, en réalité, d'une complication qui la rend, dans la plupart des cas, irréalisable.

Pour que le troc soit possible, il ne suffit pas d'avoir
découvert la personne qui possède ce dont j'ai besoin;
il faut encore que cette personne ait, à son tour, besoin
précisément de la chose que j'offre en échange. Je n'ai
que du vin à offrir; or, il se peut qu'on me demande du
fer ou de la laine. Il convient, de plus, que les choses
à échanger soient de valeur égale. Cette égalité se ren-
contrera lorsqu'il s'agit de marchandises de nature
fongible, dont la quantité à livrer peut être augmentée
ou diminuée, selon les convenances des parties. Mais
cette coïncidence constitue une exception. Dans la
majorité des cas, les choses ne se passeront pas aussi

facilement. Le cordonnier qui voudrait acquérir une maison serait mal accueilli s'il offrait d'en payer la valeur en chaussures ; de même, le propriétaire d'un immeuble serait fort embarrassé si, en échange d'un chapeau, d'une paire de bottes ou d'un pain, il n'avait à offrir que des parcelles de son immeuble.

Le système embryonnaire des échanges en nature a pu fonctionner seul, dans les temps primitifs, chez des peuples peu avancés en civilisation, alors que, le commerce étant pour ainsi dire inconnu et les besoins peu compliqués, chacun se suffisait presque complètement à soi-même. Mais la division du travail, sans laquelle l'industrie ne peut se développer et qui suppose la solidarité de tous les producteurs, ne pouvait naître qu'après la découverte d'un moyen plus facile et plus rapide d'échanger les produits.

Suivant toute probabilité, cette découverte se fit insensiblement, en quelque sorte inconsciemment. L'extension progressive du commerce et la multiplication des besoins qui en est la suite généralisèrent l'emploi de certaines marchandises que leur valeur ou leur utilité faisait apprécier par tout le monde. Or, une marchandise que tout le monde demande est bien près d'avoir les qualités d'une monnaie. Chacun l'accepte en échange de ses produits, certain, s'il ne l'utilise pas lui-même, de pouvoir la repasser à son voisin en échange d'autres produits. Il ne reste plus, pour avoir une monnaie parfaite, qu'à choisir la marchandise la plus propre à remplir cet office.

Ce choix ne fut pas du premier coup fixé définitivement. Plusieurs matières ont été adoptées avant l'or et l'argent, ou concurremment avec ces métaux, pour remplir la fonction monétaire. Les Juifs se sont servis de monnaies de cuir. A Carthage, à Rome, on utilisait des peaux de bêtes domestiques, et c'est dans cet usage qu'il faut, selon certains auteurs, chercher l'étymologie du mot *pecunia;* les nattes tressées ont servi de monnaie, à Angola, jusqu'en 1693 ; à Sumatra, au Mexique, on a employé le sel. Des découvertes archéologiques faites dans le Jutland ont démontré que, plus de 1000 ans avant J.-C., ces contrées faisaient un commerce important d'ambre jaune. Suivant toute probabilité, les spirales d'or que les fouilles ont mises à jour étaient les monnaies employées pour ce trafic. Au Congo, les perles, le fil de cuivre, les pièces de coton sont considérés comme de véritables monnaies (1).

Ces exemples prouvent que toute marchandise, pourvu qu'elle soit l'objet d'une demande générale, peut, à la rigueur, servir de monnaie.

Mais combien ces types primitifs étaient imparfaits et répondaient mal à leur destination ! Le sel fond sous l'action de l'humidité ; les nattes s'usent en peu de temps ; une peau divisée en morceaux ne peut plus être reconstituée ; le fer, adopté par les Lacédémoniens, est d'un poids tel, qu'un payement d'une certaine importance exigerait l'emploi de charrettes ; il se rouille rapidement. La plupart des marchandises présentent des inconvénients analogues. Si l'or et l'argent ont été universellement préférés à toute autre matière, c'est parce que ces métaux réunissent tous les deux, à un

____

(1) St. Jevons. — *Exposition du travail,* 1889. p. 76.

degré presque égal, des qualités qui les rendent éminemment aptes à former des monnaies parfaites.

Les deux conditions de la valeur, l'utilité et la rareté,
se rencontrent dans l'or et l'argent à un haut degré.
Tous les peuples qui ont connu ces métaux en ont
apprécié l'éclat, l'inaltérabilité, la malléabilité, qui les
désignaient tout naturellement pour la confection des
objets de luxe, des bijoux, de la vaisselle, de certains
ustensiles, etc. La consommation annuelle de l'or et de
l'argent pour les besoins industriels représente un
nombre respectable de millions.

Outre leur utilité et leur rareté qui en assurent la
demande générale, l'or et l'argent se recommandent
pour l'usage monétaire par la possibilité qu'ils donnent
de conserver et de transporter une grande valeur sous
un petit volume et sous un poids relativement peu
élevé ; par leur homogénéité, qui permet la division
d'une masse donnée en parties semblables et équivalentes ; par leur malléabilité, qui rend possible non
seulement cette division, mais la reconstitution des
parties, sans déperdition de valeur, en un lingot unique ;
par leur indestructibilité ; par la stabilité de leur valeur,
qui, sans être absolue, est plus grande que celle de
toute autre marchandise ; par leurs caractères particuliers de poids, d'éclat, de couleur qui permettent de
les reconnaître aisément et d'empêcher ainsi le dol et la
fraude ; par la facilité avec laquelle on peut marquer
leurs lingots d'une empreinte durable, etc. On peut
donc dire sans exagération que ces deux métaux
réunissent au point de vue monétaire toutes les qualités
souhaitables.

Le fait de leur adoption universelle comme instrument d'échange n'est point le résultat du hasard, mais
une conséquence de la nature des choses. Et cette
adoption, en donnant à l'or et à l'argent une utilité nouvelle, en augmentant, par conséquent, leur marché au
point de vue de la demande, a accru leur valeur dans
une proportion extraordinaire. La partie du stock
métallique transformée en monnaie dépasse de beaucoup celle qui est employée aux autres usages commer-
ciaux ou industriels.

Lorsqu'on se fut accoutumé à se servir de métaux
précieux comme intermédiaires d'échange, on intro-
duisit bientôt dans le système un perfectionnement
qui acheva de le rendre commode et rapide. Au lieu de
laisser aux particuliers le soin de peser les métaux et
d'en essayer la pureté, opérations longues, difficiles,
coûteuses, les pouvoirs publics se chargèrent de livrer
aux citoyens des lingots uniformément taillés d'après
certains types et dont une estampille déclarait officiellement le poids et le titre. A dater de ce moment, le
système monétaire était complet.

Les lois ont pu ajouter au système des dispositions
complémentaires, fixer les dénominations des monnaies,
prescrire aux citoyens l'emploi exclusif de ces dénominations dans le calcul du règlement de leurs intérêts,
créer une unité de valeur, ou étalon, unité à laquelle se
rapporteront toutes les monnaies en cours, établir un
rapport légal fixe entre la valeur réciproque des monnaies formées de métaux différents ; mais ces dispositions ne sont pas essentielles ni nécessaires au fonctionnement du système ; la dernière est même en
contradiction avec son principe fondamental.

Partant d'un point de vue général, nous avons défini la monnaie une marchandise universellement employée comme intermédiaire d'échange. A un point de vue plus concret, on peut dire que les monnaies sont des lingots dont le poids et le titre sont certifiés par les pouvoirs publics. Ces deux définitions se complètent l'une l'autre.

Beaucoup d'auteurs ajoutent à ces définitions un attribut de plus : *la puissance libératoire.* Cette puissance libératoire, assez mal définie, ne pourrait être qu'une création de la loi. Elle doit signifier, dans la pensée de ceux qui l'ont signalée, le droit pour les débiteurs de se libérer de toutes leurs obligations au moyen de la monnaie. Or, un tel droit n'est inscrit nulle part. Si presque toutes les dettes sont payables en argent, c'est parce que le créancier et le débiteur l'ont voulu ainsi ; dans la plupart des conventions, les obligations des parties sont exprimées en monnaie du pays. Mais un propriétaire pourrait fort bien stipuler dans un bail que le loyer sera payé en nature : cette clause serait valable et, dans ce cas, le locataire n'aurait pas le droit de se libérer avec de l'argent.

Dira-t-on que cette puissance libératoire est un privilège accordé dans chaque pays à la monnaie nationale, à l'exclusion de la monnaie étrangère ? Mais, si la loi dit cela, elle ne fait qu'établir une présomption pour suppléer à la volonté non exprimée des parties. La loi elle-même ne pourrait empêcher que l'on convînt d'un payement à faire en monnaie étrangère.

La puissance libératoire ne réside pas davantage dans la faculté que la loi donne au débiteur de se

libérer avec de l'or ou avec de l'argent à son choix.
Ici encore, la loi ne fait qu'exprimer la volonté pré-
sumée des parties. Celles-ci demeurent libres de con-
venir que le payement devra être fait soit en or, soit en
argent.

La monnaie n'a donc la puissance libératoire que
pour autant que l'on convienne de la lui donner.
Toutes les marchandises, toutes les valeurs peuvent
avoir cette puissance. On commet donc une erreur en
l'attribuant spécialement et par définition à la
monnaie (1).

Cette erreur est de nature à introduire la confusion
dans la théorie monétaire, en faisant des monnaies des
marchandises d'une nature spéciale, des créations artificielles, investies par la loi d'un pouvoir mystérieux.
De là à admettre que la loi puisse créer des valeurs en
décrétant qu'une pièce de monnaie sera reçue pour une
valeur supérieure à sa valeur commerciale, il n'y a
qu'un pas, et l'histoire apprend que ce pas a été plus
d'une fois franchi par le législateur, au détriment de
tous les créanciers. Il importe donc de la signaler et
de retenir que la monnaie n'est qu'une marchandise
éminemment propre à servir d'instrument d'échange et
à laquelle les progrès de la civilisation ont donné la
forme la plus convenable pour rendre sa circulation
commode et rapide.

---

(1) Cf. Jevons. — V. aussi Rapport de M. Guyot, à la Chambre des
députés de France, 6 fév. 1879. Documents, etc., 1880. 7ᵉ fasc., p. 146.

L'échange des valeurs contre de la monnaie s'appelle vente, et la quantité de monnaie que l'acheteur doit donner s'appelle prix. Le prix est donc la mesure des valeurs, en fonction de l'unité monétaire, et la monnaie remplit le rôle de mesure universelle au moyen de laquelle les valeurs des différentes choses peuvent être comparées entre elles. Si l'on me dit que la valeur d'un hectolitre de blé est égale aux deux tiers de la valeur d'un mouton, je ne serai éclairé que lorsque je connaîtrai la valeur du mouton ; et si l'on ajoute que la valeur de ce dernier ne représente que le quart de celle d'un wagon de charbon, on n'aura fait que reculer la difficulté. Mais que l'on me dise : un mouton vaut 3o francs, un hectolitre de blé n'en vaut que 2o, je suis complètement fixé et sur la valeur intrinsèque du mouton et du blé et sur leur valeur par rapport à toutes les choses estimées en francs.

Le prix est le rapport entre la valeur de l'unité monétaire et la valeur de la chose à laquelle on

compare cette unité. Il exprime, en dernière analyse, le
pouvoir d'acheter dont est douée la monnaie. Soumis à
la loi d'offre et de demande, il est le résultat du
rapport plus général entre la masse du numéraire et la
masse des choses qui peuvent être offertes en vente.
Si, toutes choses demeurant égales, la quantité totale
du numéraire était doublée, sa valeur, autrement dit
le pouvoir d'acheter de chaque pièce de monnaie,
diminuerait de moitié, ce qui revient à dire que les prix
de toutes les choses qui peuvent être vendues seraient
doublés. Et inversement si, toutes choses demeurant
égales, le stock de numéraire diminuait de moitié, la
valeur de chaque unité monétaire serait doublée, ce qui
devrait se traduire pratiquement par une baisse de
5o p. c. sur le prix de toutes les choses vendables. Les
mêmes conséquences se produiraient si, la quantité de
numéraire demeurant invariable, la masse des choses
vendables augmentait ou diminuait, l'augmentation
entraînant comme conséquence un accroissement de la
valeur du stock de numéraire, c'est-à-dire une baisse
des prix et la diminution, une réduction de cette
valeur, c'est-à-dire une hausse des prix.

Il résulte de ce qui précède que le pouvoir d'acheter
de la masse monétaire est indépendant de cette masse
et que, théoriquement, il importe peu que les deux
métaux soient plus ou moins abondants (1).

« Si la valeur totale de la monnaie du monde était
d'un milliard de dollars, dit M. Jones, la perte ou la

______

(1) Worms, pp. 26 à 34. — Disc. de Jones à la conf. de Brux. Procès-
verbaux, pp. 106 et 270. — Rob. Peel, cité par E. de Laveleye, *le Marché monétaire*, p. 108.

destruction de la moitié de cette somme ne produirait, *cæteris paribus*, aucune diminution dans le pouvoir total d'achat de la monnaie. Tout le pouvoir d'achat du milliard serait bientôt transféré et concentré dans le demi-milliard restant, qui remplirait tout l'office accompli auparavant par la somme entière. La différence serait marquée uniquement par un changement dans la valeur de chaque unité monétaire, c'est-à-dire que chaque dollar aurait sa valeur accrue dans la proportion de la somme originaire comparée à la somme restante. »

L'abondance ou la rareté plus grande de l'or ou de l'argent se traduirait dans le volume des pièces de monnaie, qui serait plus ou moins grand selon le cas. Si l'abondance était excessive, le pouvoir d'acheter, qui réside actuellement dans une pièce de 5 grammes, par exemple, n'appartiendrait qu'à des pièces de 5o, 1oo grammes... A partir d'une certaine limite, la monnaie serait trop lourde et présenterait les mêmes inconvénients que la monnaie de fer des Lacédémoniens. La trop grande rareté amènerait l'excès contraire, également préjudiciable à l'intérêt du public, des monnaies trop petites étant d'un usage incommode, sujettes à des détériorations et difficiles à conserver.

Mais si le niveau général des prix peut être considéré théoriquement, en ne tenant compte ni des faits accomplis ni des situations acquises, comme chose indifférente, il n'en est pas de même lorsqu'on examine, au point de vue de ces faits et de ces situations, les conséquences pratiques de la hausse ou de la baisse.

Celles-ci ont pour cause, ainsi que nous venons de

l'indiquer, un changement dans le rapport entre la masse du numéraire et la masse des choses vendables, changement qui peut être le résultat de circonstances multiples, telles que la découverte de gisements aurifères et argentifères, le développement subit de la production industrielle, etc.

Les économistes sont loin d'être d'accord dans leurs appréciations sur les effets de la hausse et de la baisse des prix. « Le bon marché des divers produits, dit Michel Chevalier, ou leur abaissement de valeur en comparaison du prix de la journée, est la preuve d'une civilisation qui grandit, tout comme leur enchérissement serait la preuve de leur décadence (1). » Un économiste belge, qui s'est fait une spécialité des questions monétaires, M. Allard, a soutenu en diverses circonstances une thèse opposée.

Cette divergence d'opinions s'est manifestée énergiquement à la conférence monétaire internationale réunie à Bruxelles en 1892. Tandis que les bienfaits de la hausse des prix trouvaient des avocats dans M. A. Allard, délégué de la Belgique, M. James B. Mᶜ Creary, délégué des États-Unis d'Amérique, et sir W. Houldsworth, délégué de la Grande-Bretagne, les avantages de la baisse étaient défendus avec conviction par MM. Bertram Currie et A. de Rothschild, délégués de la Grande-Bretagne, et M. Weber, délégué de la Belgique.

« Ne vous semble-t-il pas, Messieurs, disait ce dernier, que c'est en quelque sorte critiquer la Providence

---

(1) Michel Chevalier, *le Simple et le double étalon.*

que de se plaindre du bon marché des produits, alors qu'il est la conséquence de leur abondance ? » (Weber, *loc. cit.*, p. 177.) « On a toujours considéré, disait M. B. Currie, comme la condition favorable d'un commerce ou d'une industrie le bon marché et non la cherté des marchandises, l'abondance et non la rareté. » *(Ibid.*, p. 80.) Et M. de Rothschild, parlant de la baisse des prix, fait la déclaration suivante : « J'hésiterais à dire que c'est un malheur pour l'Angleterre ou pour le monde en général..., mais je serais disposé à affirmer que le blé à 30 schellings le quarter, au lieu de 45, est plutôt un avantage qu'un fait regrettable. » *(Ibid.,* p. 46.)

Dans l'autre camp, les déclarations ne sont pas moins catégoriques : « Si pourtant M. de Rothschild interrogeait les agriculteurs, les industriels, les commerçants, dit M. Allard, ne croit-il pas qu'il arriverait peut-être à modifier quelque peu ses idées à ce sujet? » *(Ibid.,* p. 73.) Sir William Houldsworth croit que la dépression anormale du commerce est en connexité étroite avec la baisse survenue dans les prix en général. » *(Ibid.,* p. 115.) M. Mc Creary est d'avis que la diminution de la quantité de la monnaie et la baisse des prix dont on se plaint tant ont certainement une tendance à concentrer les richesses, à enrichir quelques-uns et à appauvrir le grand nombre. *(Ibid.,* p. 107.)

Il n'est pas impossible de dégager la vérité de ces opinions contradictoires.

Nous venons de rappeler que le niveau des prix est, en théorie pure, absolument indifférent. Il en est de la mesure des valeurs comme de toutes les autres mesures : elle n'indique qu'une relation. Qu'importent les dimensions du mètre, lorsqu'il s'agit de comparer deux longueurs? Qu'importe le niveau des prix, si un revenu déterminé ou le salaire d'une journée de travail représente dans tous les cas la même puissance d'acheter?

C'est ce que reconnaissait Sir W. Houldsworth à la conférence de Bruxelles. « Le bon marché, qu'on s'en souvienne, disait-il, est un terme relatif. Il n'existe rien qui soit un bon marché absolu. Si le prix de toutes choses baisse, vous pouvez appeler cela du « bon marché », si vous voulez, mais personne n'en profite. Si la baisse était uniforme et simultanée, embrassant toutes les marchandises et tous les services, agissant partout dans la même proportion et au même moment, s'attaquant, d'une part, aux revenus et, d'autre part, au travail, aussi bien aux créances anciennes qu'aux nouvelles, alors, je l'admets, personne ne sera lésé. Mais, lorsque la proportion entre la monnaie, d'une part, et les choses évaluées au moyen de la monnaie, d'autre part, est changée, peu importe quelle en est la cause, il en résulte malheureusement que la baisse dans les prix, qui doit alors se faire sentir, n'est ni uniforme ni simultanée, bien qu'il soit hors de doute qu'en fin de compte et après un long espace de temps elle ne devienne égale. » *(Ibid.,* p. 117.)

Ces quelques lignes résument parfaitement la question envisagée au point de vue de la baisse des prix. Il est à remarquer, du reste, que la hausse des prix prête à des considérations tout à fait analogues.

Les variations dans les prix ne se font jamais d'une façon générale et simultanée et, comme le disait M. M Creary, dont nous avons cité l'opinion plus haut, elles enrichissent les uns au détriment des autres.

La hausse des prix favorise les agriculteurs, les industriels, les commerçants et, en général, tous les producteurs qui vendent plus qu'ils n'achètent. Elle favorise aussi les débiteurs : Pierre doit 100 francs à Paul; cette somme représente, au cours du jour, le prix de 5 hectolitres de blé. Pierre devrait donc, pour s'acquitter, vendre 5 hectolitres ; mais, au moment de l'échéance, le blé est monté à 25 francs. Pierre pourra s'acquitter en vendant 4 hectolitres.

C'est un des côtés de la question, le seul qu'envisagent les partisans de la hausse des prix. Mais, à côté des producteurs, il y a les consommateurs, ceux qui achètent plus qu'ils ne vendent ; il y a tous ceux qui vivent d'un revenu fixe ; en face de chaque débiteur, il y a un créancier. Ces consommateurs, ces rentiers, ces créanciers n'auront pas à se féliciter de la hausse des prix. Lorsque Paul a prêté 100 francs à Pierre, cette somme représentait pour lui la valeur de 5 hectolitres de blé. Au moment où Pierre le rembourse, il ne peut plus, avec la même somme, en acheter que 4. Ce que Pierre a gagné, Paul l'a perdu.

« Les traitements de tous les employés de commerce, de l'industrie, de l'État, des provinces, des communes, de cette multitude qui forme la majorité de la nation, qui vit de salaires, de sommes fixes, payables en argent, ou de petits revenus, tous ceux-là, dit M. Frère-Orban, sont immédiatement affectés par la monnaie dépréciée ; tous ceux-là ne recevant toujours que la même somme nominale en une monnaie dont la valeur s'est affaiblie, parce que le métal qui la compose est devenu plus abondant, tous ceux-là ne peuvent plus se procurer la même chose avec le même revenu. Il faut donc qu'ils donnent une quantité plus considérable de monnaie dépréciée pour obtenir la même chose qu'autrefois. Et c'est pourquoi la monnaie dépréciée affecte surtout et au plus haut degré la classe ouvrière. Quand la monnaie est dépréciée, l'effet est le même que s'il y avait une réduction de salaires (1). »

Pour apprécier les conséquences de la baisse des prix, il suffit de renverser les situations. La baisse sert les intérêts des créanciers, de tous ceux qui vivent d'un revenu fixe, rentiers, employés, journaliers : mais elle lèse les producteurs, agriculteurs, industriels, commerçants, dont elle amoindrit les profits, et les débiteurs, dont elle aggrave les charges (2).

---

(1) *La Question monétaire*, p. 224. " Du moment ou il est avéré que la dépréciation de la monnaie entraîne une hausse corrélative du pr.x des choses, il est indubitable que tous ceux qui vivent d'une somme fixe, payable en argent, se trouvent immédiatement frappés, et parmi eux et le plus gravement les ouvriers. Tout renchérit, et ils continuent à toucher le même salaire. . Dira-t-on que le salaire sera augmenté? Ce serait d'abord reconnaître que l'abaissement de la valeur de la monnaie n'a pas élevé l'ouvrier. Ensuite, s'il obtient un accroissement de salaire équivalent à la dépréciation, sa situation ne sera pas changée. Mais, malheureusement, il est hors de doute que le salaire n'est pas réglé par le prix des subsistances. Les salaires obéissent à une autre loi. „ *(Ibid.*, p. **32**. Cf. dans le même sens, Broch, à la conférence de Paris, 1880.)

(2) Voir, dans ce sens, les déclarations de sir W. Houldsworth, citées plus haut. — De Laveleye, *la Crise et la contraction monétaire.*

Si les prix, après s'être portés à un niveau quelconque, s'y maintenaient d'une manière durable, l'équilibre finirait par se rétablir après un temps plus ou moins long.

Telle est, en effet, la solidarité des divers intérêts, que toute perturbation sérieuse ayant des causes profondes, qui atteint un groupe social, s'étend nécessairement de proche en proche à tous les autres groupes. Le bas prix des subsistances et des produits manufacturés, après avoir momentanément amélioré la condition des ouvriers, frappe l'industrie de langueur et bientôt, la demande de bras diminuant, les salaires subissent une réduction. Lorsque le blé monte, la prospérité agricole augmente la valeur locative des terres et la consommation des produits industriels ; si le pain coûte un peu plus cher, l'abondance du travail assure aux ouvriers un meilleur salaire. Mais avant que les compensations soient établies, que de préjudices subis, que de souffrances, que de ruines !

L'équité ne peut se contenter de faire le bilan d'une nation ou d'une société, en opposant aux pertes subies par les uns les bénéfices réalisés par les autres, lorsque ces pertes et ces profits ne sont pas les résultats de la liberté et du travail, comme c'est le cas pour ceux qui sont la conséquence d'une variation dans les prix.

C'est surtout lorsqu'il s'agit des entreprises à long terme que s'accusent les effets injustes de ces variations. Ces entreprises, qui ont pris de nos jours un développement si considérable, reposent sur des évaluations dans lesquelles on fait entrer avec une précision mathématique le taux des salaires, le prix de

revient des matières premières, des transports, etc.
Que ces bases soient changées, et toutes les prévisions
les plus prudentes peuvent être renversées (1).

Ces considérations, reposant sur des principes incontestés, démontrent que la stabilité des prix est une
des conditions essentielles d'une bonne organisation
économique.

La stabilité absolue des prix est un rêve irréalisable. Trop de causes sont capables d'agir sur l'offre et
la demande. Il faut citer notamment les perfectionnements des procédés industriels, les découvertes scientifiques qui permettent d'abaisser le prix de certains
produits, sans faire tort à personne, le déplacement,
la multiplication des besoins, etc.

Mais, pour que cette stabilité soit obtenue dans une
certaine mesure, il importe que le grand facteur des
prix, le rapport entre la masse du numéraire et la
masse des choses vendables, demeure autant que possible constant. Ce résultat ne peut être atteint que par
le jeu naturel des lois économiques.

Sous l'empire de ces lois, pourvu que ces dernières
ne soient pas contrariées par les dispositions artificielles des lois civiles, si la monnaie tend à augmenter de
valeur, ce qui est un indice de sa raréfaction relative,
les propriétaires de mines d'or et d'argent auront intérêt à développer la production des métaux précieux et
à convertir leurs lingots en monnaie. Si, au contraire,
une baisse se produit, par suite d'un excès de fabrication, l'exploitation des mines cessera d'être lucrative

____

(1) Cf. Jones, Conférence de Bruxelles, p. 257.

et subira un ralentissement ou un arrêt. La frappe libre trouve donc, dans la loi d'offre et de demande, un régulateur automatique (1).

L'extraction et l'affinage des métaux précieux sont des opérations très coûteuses; le bénéfice qu'elles laissent à ceux qui s'y livrent est beaucoup moins élevé qu'on ne serait tenté de le croire à première vue, et, par conséquent, l'offre de l'or et de l'argent ne sera pas illimitée, si la demande n'est pas artificiellement exagérée par des lois civiles en contradiction avec les principes économiques (2). Le hasard a pu, il est vrai, amener à différentes reprises la découverte de gisements considérables et d'une exploitation facile et rompre momentanément l'équilibre établi. Mais ce sont là des événements extraordinaires, dont le retour devient de moins en moins probable à mesure que l'exploration des territoires miniers avance, et qui n'infirment pas la règle générale. La perturbation temporaire que les découvertes peuvent amener est moins à craindre que la perturbation permanente du marché causée par certaines lois monétaires dont nous aurons à nous occuper plus loin.

(1) Cf. Pirmez, à la conf. de Paris. Doc. 3ᵉ s. 5ᵉ fasc., p. 23.
(2) Voir, dans ce sens, les détails intéressants donnés par M. Jones, délégué des États-Unis, à la conférence de Bruxelles. *Loc. cit.*, pp. 366 et suiv.

III

Les deux métaux employés à l'usage monétaire sont
loin d'avoir une valeur égale. La valeur actuelle de l'or
est vingt fois, environ, supérieure à celle de l'argent.
Pour qu'un lingot d'or et un lingot d'argent représentent une parité de valeur, il faut donc qu'ils soient, au
point de vue du poids, dans le rapport de 1 à 20. Le
poids et la valeur d'un lingot d'un métal étant donnés,
il est facile de calculer pour un lingot de l'autre métal
soit son poids, s'il est de même valeur, soit sa valeur,
s'il est du même poids.

Si ce rapport était fixe, le problème monétaire se
présenterait sous la forme la plus simple. Un poids
déterminé d'or ou d'argent étant choisi comme unité
de valeur, ou étalon, le poids de toutes les monnaies
représentant une fraction ou un multiple de cette unité
serait obtenu, une fois pour toutes, par une simple
opération de multiplication ou de division. La question
du monométallisme et du bimétallisme, qui divise les
économistes en deux écoles, ne serait pas née.

Il n'en va malheureusement pas ainsi, l'or et l'argent étant, comme toutes les autres marchandises, soumis à la loi d'offre et de demande et, par conséquent, aux fluctuations de valeurs. Le rapport entre les deux métaux était, au commencement du xvi⁰ siècle, 1 à 10,75 ; après être devenu 1 à 13,35, vers 1619, il retomba à 11,74 quelques années plus tard. Il y a un siècle, environ, il était à 15 1/2(1). Ce chiffre est celui du rapport légal actuel, dans l'Union latine. Une pièce d'argent de 107,5 grammes, dont la valeur, au commencement du xvi⁰ siècle, eût été égale à celle d'une pièce de 10 grammes d'or, ne représenterait plus, de nos jours, au point de vue de ce rapport légal, que 69 p. c. environ de cette valeur ; pour rétablir la parité, le poids de la pièce d'argent devrait être porté à 155 grammes.

Établir un système monétaire dans lequel les monnaies d'or et les monnaies d'argent ont une mesure commune, c'est vouloir lutter contre la nature. Il n'est pas plus vrai de dire qu'une pièce d'argent d'un poids déterminé aura toujours la même valeur qu'une pièce d'or d'un poids déterminé, qu'il ne le serait de prétendre qu'une certaine quantité de blé, de drap ou de vin vaudra toujours autant que telle quantité de fer, de coton ou de café (2).

Les gouvernements qui, sous l'ancien régime, ont légiféré sur la monnaie n'ont pas essayé de résoudre cette difficulté ou, s'ils l'ont abordée, ils ne se sont, il

______

(1) Ott. Haupt, p. 42.
(2) Cf. Michel Chevalier, *de la Baisse probable de l'or*, p. 29.

faut bien le dire, préoccupés que d'en tirer parti pour réaliser, au détriment du public, des bénéfices illicites. Des abus de ce genre pouvaient se commettre d'autant plus facilement que la nature de la monnaie était pour le public environnée de mystère et ses procédés de fabrication considérés comme secrets d'État. La première tentative d'une législation rationnelle, basée sur les principes économiques, date de la loi du 28 thermidor An III (15 août 1795) et de la discussion de la loi du 17 germinal An XI (6 avril 1803), dont nous aurons à reparler plus loin.

La loi de l'An XI est encore en vigueur et ses grandes lignes se retrouvent dans la plupart des législations basées sur l'emploi simultané des deux métaux; elle peut servir de type pour l'examen du système appelé *bimétallique*.

Après avoir établi *(Disposition générale)* que 5 grammes d'argent, au titre de neuf dixièmes de fin, constituent l'unité monétaire, qui conserve le nom de franc, elle décide (art. 6, 7, 8) qu'il sera fabriqué des pièces d'or de 20 et de 40 francs. Le titre des pièces d'or est également fixé à neuf dixièmes de fin et un dixième d'alliage. Les pièces de 20 francs sont à la taille de 155 pièces au kilogramme et celles de 40 francs à celle de 77 1/2. Il résulte de ces dispositions que 200 francs d'argent pèsent un kilogramme, tandis qu'un kilogramme d'or représente 3,100 francs, ce qui est la consécration indirecte du rapport de 15 1/2.

En adoptant ce rapport de 15 1/2, le législateur n'avait en vue que de se conformer à la réalité commerciale du moment; il n'entendait pas statuer pour l'avenir d'une manière irrévocable. Dans sa pensée, au contraire, ce rapport pouvait et devait être changé chaque fois que les circonstances l'exigeraient (1).

On a baptisé improprement ce régime, et tous les régimes analogues, du nom de *Système du double étalon*, ce qui a permis à ses adversaires de lui reprocher, avec plus de force que de justesse, de représenter l'unité de valeur par deux grandeurs variables. Ce reproche est excessif, tout au moins au point de vue de la rigueur des principes.

Le système de la loi l'An xi repose sur l'étalon d'argent, mais il reconnaît aux pièces d'or la qualité de monnaie légale. Dans la pratique, le monnayage de l'or étant libre, l'État recevant tous les payements faits en or, les créanciers de l'État ne pouvant exiger des payements en argent, les particuliers acceptant indifféremment l'un ou l'autre métal, du moins pour les sommes de peu d'importance, ce système place les deux métaux absolument sur le même pied ; aussi a-t-il été qualifié plus justement de *bimétallique* (2).

Depuis que la loi de l'An xi est en vigueur, le rapport naturel entre la valeur de l'or et celle de l'argent a subi, à plusieurs reprises, des altérations profondes, sans que le rapport légal de 15 1/2 ait été modifié.

Vers le milieu du siècle, les découvertes de mines d'or, en Californie, firent prévoir une dépréciation du métal jaune et causèrent en Europe une véritable panique. L'écho de ces préoccupations se retrouve dans

(1) Cf. Wolowski, *l'Or et l'argent.*
(2) Cf. Cernuschi, *la Monnaie bimétallique.*

l'ouvrage bien connu de M. Michel Chevalier : *De la Baisse probable de l'or, des conséquences commerciales et sociales qu'elle peut avoir et des mesures qu'elle provoque.* Vingt ans plus tard, ce fut le tour de l'argent. Cette fois la baisse fut telle, que les États de l'Union latine suspendirent le libre monnayage du métal déprécié. Cet expédient, bon pour empêcher la spéculation de se donner carrière, ne fit, du reste, qu'accentuer le mal.

L'expérience est donc complète et ses résultats ont été conformes aux pronostics.

L'écart entre le rapport légal et le rapport naturel a pour cause soit la hausse, soit la baisse de l'un des deux métaux par rapport à l'autre. En toute hypothèse, l'un des deux métaux subit une dépréciation par rapport à l'autre. Si, par suite d'une diminution de production ou d'un accroissement de demande de l'or, le rapport passe de 15 1/2 à 16, les conséquences seront pratiquement les mêmes que si l'argent avait baissé : il faudra 16 kilogrammes d'argent, au lieu de 15 kilogrammes et demi, pour faire l'équivalent d'un kilogramme d'or.

Dès lors, il est facile de comprendre ce qui se passe lorsque, sous le régime du rapport légal fixe, une oscillation, même légère, se produit dans le marché des métaux. Avec un kilogramme d'or, soit 3,100 francs, je puis acheter 16 kilogrammes d'argent. D'autre part, 15 kilogrammes et demi d'argent, convertis en monnaie, produisent également 3,100 francs, avec lesquels je pourrai me procurer un nouveau kilogramme d'or et recommencer indéfiniment cette même opération, qui laisse chaque fois, comme bénéfice, un demi-kilogramme d'argent. Voilà certes un métier lucratif et qui tenterait bien des gens, si l'on n'y mettait bon ordre. Malheureusement pour l'avenir de cette industrie, les gouvernements sont obligés de l'interdire lorsqu'elle prend trop de développement. Ils y sont obligés parce qu'elle s'exerce aux dépens du public.

Le banquier de Londres qui peut se procurer 16 kilogrammes d'argent pour 3,100 francs d'or et qui n'a qu'à en faire monnayer 15 kilogrammes et demi, à Bruxelles ou à Paris, pour rentrer dans ses avances, aura vite fait d'inonder les pays latins de métal blanc. Au besoin, il abandonnera une minime partie de ses bénéfices, pour se procurer l'or dont il a besoin, en offrant l'appât d'une légère prime sur la monnaie jaune. Ce commerce a mille manières de s'exercer et, grâce à ses ingénieuses combinaisons, on verra les pièces d'or prendre rapidement le chemin de l'étranger et la monnaie dépréciée s'installer dans la place.

La baisse de l'or, que nous avons rappelée plus haut, a été marquée en France par une émigration de l'argent. Ce fait ne se serait évidemment pas produit si le rapport de 15 1/2, trop favorable pour l'or en ce moment, n'avait constitué une véritable prime à l'importation de ce dernier métal.

M. St. Jevons, dans son ouvrage sur la monnaie, cite, à cet égard, un exemple des plus instructifs :

« Lors du traité de 1858, conclu entre la Grande-Bretagne, les États-Unis et le Japon, et qui ouvrit en partie ce dernier pays aux commerçants européens, il existait au Japon un système monétaire très curieux.

De toutes les monnaies japonaises, celle qui avait le plus de valeur était le *kobang,* consistant en un disque d'or mince et ovale, long de deux pouces environ, large d'un pouce 1/4, pesant 200 grains, et portant une ornementation extrêmement primitive. Elle avait cours dans les villes du Japon pour quatre *Itzebus* d'argent; mais elle valait, en monnaie anglaise, environ 18 schellings 5 pence, tandis que l'itzebus ne valait que 1 schelling 4 pence. Ainsi les Japonais n'estimaient leur monnaie d'or qu'au tiers environ de sa valeur, si l'on se réfère aux valeurs relatives des métaux dans les autres parties du monde. Les premiers négociants européens trouvèrent là une source de profits comme il ne s'en rencontre guère. En achetant les kobangs au taux du pays, ils triplaient leur argent, jusqu'au moment où les indigènes, voyant ce qui se passait, retirèrent de la circulation le reste de l'or (1). »

Le même phénomène se serait produit il y a vingt ans, dans l'Union latine, si les États de l'Union ne s'étaient mis d'accord pour limiter et finalement suspendre la frappe de l'argent.

Le drainage par les spéculateurs du métal faisant prime et la substitution dans la circulation monétaire du métal déprécié s'opère avec une régularité qui a permis à Gresham de formuler la loi suivante, à laquelle il a attaché son nom : la mauvaise monnaie chasse la bonne, mais la bonne monnaie ne peut chasser la mauvaise.

Les particuliers, peu versés dans les sciences économiques, voient sans s'alarmer cette substitution s'opérer

(1) St. Jevons, p. 70.

sous leurs yeux. Considérant la monnaie non pas comme une marchandise, mais comme un outil mystérieux tenant sa puissance de l'estampille reçue dans les ateliers de l'État, ils sont fermement convaincus que les 100 francs d'argent qu'on leur a donnés valent exactement les 100 francs d'or qu'on leur a pris. Comment en serait-il autrement ? Avec ceux-là aussi bien qu'avec ceux-ci, ils acquittent leurs contributions, payent leurs loyers, satisfont leurs fournisseurs. Rien n'est changé pour eux.

Cette substitution sera, dans bien des cas, opérée par l'État lui-même. L'État qui a des sommes considérables à payer, — intérêts de la dette publique, traitements des fonctionnaires, etc., — résistera difficilement à la tentation de s'acquitter au moyen d'une monnaie qu'il peut se procurer à prix réduit. Quel scrupule l'arrêterait ? L'opération, absolument légale, donnant un bénéfice certain, est conforme aux intérêts du Trésor. Et le gouvernement, faisant le commerce des métaux précieux, se mettant à la tête des spéculateurs, croira servir l'intérêt public.

Mais les transactions entre particuliers et le commerce intérieur d'un pays ne représentent qu'une faible partie des opérations qui supposent l'intermédiaire de la monnaie ; les affaires les plus importantes sont en général celles qui se font avec les pays étrangers, et dans le règlement de celles-ci la monnaie n'est évaluée qu'à sa valeur marchande.

Lorsqu'un pays ne possède plus qu'une monnaie dépréciée, les fournisseurs étrangers ne consentent à lui livrer des marchandises qu'à condition de ne pas avoir à subir la perte résultant de cette dépréciation. Ou bien ils élèvent leurs prix en conséquence, ou bien, ce qui est le cas ordinaire, ils stipulent que les payements qu'ils auront à recevoir seront faits en une monnaie ayant conservé sa pleine valeur et que les débiteurs devront se procurer en payant une prime. En dernière analyse, le pays subit une perte égale au bénéfice réalisé par la spéculation dans son opération de drainage.

La baisse d'un métal a donc pour effet de stimuler le monnayage de ce métal dans le pays où il est accepté pour un prix supérieur à sa valeur commerciale, tandis que la hausse en provoque la fuite. Donc, lorsqu'une cause naturelle modifie le rapport de valeur existant entre les deux métaux, le rapport légal fixe, loin d'agir comme modérateur, tend à précipiter le mouvement et à pousser ses effets aux extrêmes, tout au moins dans les pays qui en ont fait un des principes de leur système monétaire. Nous verrons plus loin que la même cause agit en sens contraire en dehors de ces pays et que le système du double étalon y produit une action compensatrice.

L'Espagne, dont le gouvernement ne s'est pas interdit à lui-même la frappe de l'argent, a vu disparaître presque tout le métal jaune de sa circulation, ce qui a eu pour conséquence de faire tomber le change entre Madrid et Paris à 23 p. c. Le cours serait encore plus bas, si la Banque d'Espagne n'était parvenue à conserver une encaisse métallique d'or assez importante (1).

(1) R. G. Levy, *le Change.*

Si la frappe de l'argent n'avait pas été suspendue dans l'Union latine, les pays de l'Union se seraient vu enlever leur dernière pièce d'or et n'auraient pu résister à l'envahissement du métal blanc. On peut se demander, du reste, si ce remède empirique, contraire aux principes monétaires, n'a pas fait plus de mal que de bien. La suspension de la frappe de l'argent dans l'Union latine, en restreignant et en alarmant le commerce des métaux, a contribué à discréditer le métal blanc, et la baisse a vraisemblablement dépassé de beaucoup le niveau où elle se fût arrêtée sous la seule action de la loi d'offre et de demande.

Le régime anormal sous lequel l'Union latine vit depuis vingt ans environ a mis en relief tous les inconvénients du rapport légal fixe. Présentés par les monométallistes comme inhérents à la circulation simultanée des deux métaux, ces inconvénients sont invoqués par eux à titre d'argument, pour renouveler contre l'argent la campagne que M. Michel Chevalier menait contre l'or, en 1859.

Au point de vue de la théorie pure, si l'on ne tient compte ni des faits ni des situations acquises, les monométallistes ont pour eux la raison et la logique.

Si l'argent n'existait pas, il ne faudrait pas l'inventer; nous en dirons tout autant de l'or. Les prix, établis d'après un volume monétaire beaucoup moindre, seraient plus bas; mais comme cette échelle s'appliquerait indistinctement à tout ce qui se paye, aux rentes aussi bien qu'aux produits fabriqués, aux salaires aussi bien qu'aux loyers, les rapports ne seraient pas changés.

Mais ces considérations n'ont qu'une portée purement spéculative. Le monde est en possession d'un stock de numéraire composé d'or et d'argent Tous les prix sont établis d'après ce stock ; toutes les obligations contractuelles, tous les salaires, tous les traitements sont calculés d'après ces prix. Il s'agit de savoir si l'on peut impunément modifier cette organisation, en proscrivant, d'une manière radicale, la moitié de ce numéraire.

Il y a lieu de remarquer tout d'abord que, plus le stock monétaire est considérable, plus il est doué d'élasticité. C'est ainsi, par exemple, que les besoins monétaires que provoquera l'œuvre de la civili sation dans l'Afrique pourront être satisfaits plus faci lement avec deux métaux qu'avec un seul et, partant, que la contraction subie par les autres parties du monde sera moindre. C'est ainsi encore que la découverte d'un nouveau gisement causera un avilissement du métal d'autant moindre que la masse monétaire existant antérieurement sera plus grande. Or, les prix étant en rapport direct avec cette masse, il en résulte qu'ils auront, toutes autres conditions étant égales, plus de stabilité avec un stock monétaire considérable qu'avec un stock restreint.

Les bimétallistes signalent, en outre, que, au point de vue du marché universel, le rapport légal fixe exerce une action compensatrice, à laquelle nous avons fait allusion plus haut et tend à maintenir, dans une certaine mesure, le rapport commercial en harmonie avec celui qui est fixé par la loi. « Sous le double étalon, dit M. Guilford. L. Molesworth à la conférence de Bruxelles, celui qui fait un payement a le choix du

métal ou, en d'autres mots, il est la cause de la
demande de ce métal. Il ne sera pas assez insensé pour
choisir le métal le plus cher ou ce qui lui coûterait le
plus cher ; il choisit naturellement le métal le meilleur
marché pour effectuer son payement, c'est-à-dire que
la demande diminue pour le métal le plus cher,
tendant ainsi à en abaisser le prix ; elle s'accroît, au
contraire, pour le métal le meilleur marché, de façon
à en relever le prix, la tendance des deux métaux
étant de se rapprocher du rapport légal (1). » M. Jones,
délégué des États-Unis d'Amérique à la même conférence, exprimait la même idée, avec plus de concision :
« A la moindre indication qu'un des métaux devient
relativement rare, tout le poids de la demande est
écarté de lui pour peser sur l'autre métal (2). » M. St.
Jevons rappelle que c'est ainsi que les choses se sont
passées en France, en 1860. « La France absorbait en
quantité le métal qui était en baisse et elle émettait le
métal en hausse, ce qui avait nécessairement pour
effet de maintenir la baisse de l'or et la valeur de
l'argent entre des limites qui, sans cela, auraient été
dépassées. Il est clair que, si la valeur de l'or augmentait relativement à l'argent, l'action contraire se
produirait : l'or serait absorbé et l'argent mis en
liberté. Sans doute, à un moment donné quelconque,
l'étalon de valeur est l'un ou l'autre métal et non tous
les deux à la fois ; mais le fait même de cette alter-
nance tend à diminuer beaucoup la **variation** de l'un et

(1) Conférence de Bruxelles. Procès-verbaux, p. 243.
(2) *Ibid.*, p. 319.

de l'autre. Il ne peut empêcher les deux métaux d'augmenter ou de diminuer de valeur, relativement aux autres marchandises, mais il peut affaiblir l'amplitude de variation en les étendant sur une surface plus considérable, au lieu de laisser chaque métal livré à des accidents purement locaux (1). »

Comme le fait remarquer plus loin M. St. Jevons, les pays à double étalon, en remplissant de la sorte la fonction de pendule compensateur, prennent pour eux toute la perte et les embarras et se sacrifient pour le bien du monde.

Le monométallisme peut être appliqué avec succès dans les pays qui ne se sentent point de vocation pour ce rôle peu enviable et désirent tirer profit de l'abnégation de leurs voisins. Mais, pour que cette théorie, si séduisante par sa logique et sa simplicité, sortît tous ses bons effets, il faudrait, semblable en cela à la théorie du libre-échange, qu'elle reçût une application universelle. Limitée à quelques territoires, elle provoque et accentue les inconvénients du double étalon dans les territoires voisins. Il faudrait de plus que l'accord se fît, entre toutes les nations, sur le choix d'un même métal monétaire. L'adoption ici de l'étalon d'or, là de l'étalon d'argent, sans l'intermédiaire du bimétallisme, créerait de réelles difficultés au commerce international et élèverait, au lieu de les niveler, les frontières de pays à pays. Si le monométallisme constituait donc, en fait comme en théorie, en thèse et en hypothèse, comme disent les théologiens, l'orthodoxie

______

(1) St. Jevons, p. 116 .— Cf., dans le même sens. Cernuschi, pp. **34** et suiv.

monétaire, il faudrait conclure à l'abandon général de
l'un des deux métaux (1). Or, c'est là une mesure dont
peu d'économistes et d'hommes d'État consentiraient à
prendre la responsabilité.

Les principes que nous avons rappelés plus haut,
sur le rapport de la masse monétaire avec les prix,
permettent de formuler les conséquences qu'entraîne-
rait soit la démonétisation de l'argent, soit celle de l'or.

A cet égard, il semble que les avis ne puissent diffé-
rer. Voici celui qu'exprimait, à la conférence monétaire de 1878, M. Gosschen, délégué de la Grande-
Bretagne : « L'effort général que l'on ferait de tous les
côtés à la fois pour se débarrasser du métal argent
pourrait occasionner les plus graves désordres dans
la situation économique et *produire une crise plus
désastreuse que toutes celles dont le monde commercial
a gardé le souvenir.* » Et plus loin : « L'adoption de
l'étalon d'or unique serait une utopie. L'intérêt du
monde exige que les deux métaux conservent leur
position d'agents monétaires. Il ne conviendrait pas
que l'un fût partout substitué à l'autre (2). »

L'opinion d'une autorité aussi incontestée est d'autant plus digne d'être citée que, à cette époque,
M. Gosschen était monométalliste et partisan de
l'étalon d'or. A cette même conférence, le général
Walker, délégué des États-Unis, déclare qu'une dimi-

______

(1) Les monométallistes entendent, il est vrai, utiliser le métal démo-
nétisé pour la monnaie d'appoint. Mais ce rôle effacé — la frappe de la
monnaie d'appoint étant nécessairement très limitée — peut être considéré comme nul au point de vue qui nous occupe.

(2) Documents, etc , 1880, 3ᵉ série, 4ᵉ fac.. p. 51.

nution du stock monétaire est *un des plus grands maux
dont l'humanité puisse être menacée* (1). Cette manière
de voir est partagée par M. Alfred de Rothschild,
monométalliste, partisan de l'étalon d'or, délégué de la
Grande-Bretagne à la conférence de Bruxelles. « Si
la conférence actuelle se séparait sans arriver à un
résultat défini, disait M. de Rothschild, ce métal
(l'argent) subirait une dépréciation qui non seulement
serait épouvantable, mais donnerait lieu à une panique
monétaire dont il serait impossible de prévoir les conséquences multiples et funestes (2). » La crise actuelle,
marquée par une dépréciation intense des prix, semble
démontrer que ces craintes ne sont pas exagérées et
que l'application intégrale du monométallisme doit
être considérée comme une utopie dangereuse.

(1) *Ibid.*, p. 70. — V.. dans le même sens. Bonnet, *la Question monétaire.*
(2) Conf. de 1892. Procès-verbaux, p. 49. Un autre délégué de la Grande-
Bretagne exprime des idées moins alarmistes, *ibid..* p. 79.

IV

L'emploi simultané des deux métaux repose sur des causes naturelles et des causes historiques, contre lesquelles il est impossible de lutter.

Les causes naturelles sont l'équivalence de l'or et de l'argent au point de vue de leur aptitude à servir d'instruments d'échanges. Les préférences individuelles diffèrent, mais cette divergence même est une preuve de leur égalité de mérites. Les causes historiques ont leur expression dans les prix de toutes choses, qui ont été établis d'après un stock monétaire composé des deux métaux.

La situation étant telle que le bimétallisme soit une nécessité inéluctable, la tâche des économistes et des gouvernants devrait être de rechercher s'il n'est pas possible de le débarrasser des inconvénients que ses adversaires lui reprochent d'entraîner à sa suite.

Tous ces inconvénients ont pour cause les écarts qui se produisent périodiquement entre le rapport légal de 1 à 15 1/2 et le rapport commercial, tel qu'il résulte de la loi d'offre et de demande.

Il y aurait un moyen très simple de trancher la question : ce serait de supprimer le rapport légal. L'or et l'argent s'échangeraient, soit entre eux, soit contre d'autres valeurs, comme de simples marchandises, au cours du jour. L'État continuerait à vérifier et à certifier le poids et le titre des lingots mis en circulation, mais là se bornerait son intervention.

Ce système trop radical ferait perdre à la monnaie une de ses principales utilités, qui est de simplifier et d'abréger les échanges. Il y aurait deux tarifs, pour tout ce qui s'évalue en numéraire, l'un pour l'or, l'autre pour l'argent ; le choix du métal avec lequel les payements pourraient être faits devrait faire l'objet d'une clause spéciale de toutes les conventions. Il suffit de cet énoncé pour faire voir que ce régime serait une source de confusions continuelles, de complications inextricables et ne rendrait, par conséquent, guère de services.

Il importe, pour la facilité des transactions, qu'il n'y ait qu'une mesure des valeurs, un seul prix pour chaque chose et que les payements puissent se faire, sans contestation ni discussion, indifféremment avec toutes les monnaies ayant cours légal. Il faut donc que la loi fixe le rapport suivant lequel les pièces d'or et les pièces d'argent d'un poids et d'un titre déterminés seront déclarées équivalentes et pourront servir indifféremment pour faire tous les payements. Assurer le maintien de ce rapport en harmonie constante avec le rapport naturel ou commercial, tel est le problème à résoudre.

Si l'on décide qu'une quantité déterminée de l'un

des deux métaux, l'argent par exemple, constitue l'unité monétaire, ou étalon, il est de toute évidence qu'une quantité déterminée d'or, comparée à cet étalon, vaudra tantôt plus, tantôt moins, suivant les fluctuations du commerce. Il est non moins évident qu'une valeur égale à cet étalon d'argent sera représentée par une quantité d'or variable suivant les mêmes fluctuations.

Un étalon étant adopté, il existe donc deux moyens d'assurer d'une manière permanente l'exactitude du rapport légal. Admettant toujours que cet étalon soit d'argent, on pourra fabriquer soit des monnaies d'or d'une *valeur fixe*, à condition de modifier leur volume chaque fois que la valeur de l'or se modifiera par rapport à l'argent, soit des monnaies d'or d'un *volume fixe,* à condition que leur valeur sera soumise aux fluctuations du commerce.

C'est ce qu'avaient parfaitement compris les législateurs de la première République française (1).

Le mémoire distribué par Mirabeau à l'Assemblée nationale, le 12 décembre 1790, propose d'employer, à côté de l'argent adopté comme étalon, des pièces d'or à un titre et à un poids déterminés, sans aucun rapport essentiel avec l'argent et dont la valeur dépendra du prix de l'or dans le commerce. Les lois du 28 thermidor An III sont conçues d'après ces idées. L'unité monétaire est le franc d'argent. Quant aux pièces d'or, elles sont au titre de neuf dixièmes de fin

---

(1) L'historique de la loi de germinal est exposé d'une manière développée, avec les pièces à l'appui, dans l'ouvrage déjà cité de Michel Chevalier : *De la Baisse probable de l'or.*

et du poids de 10 grammes. Le soin de déterminer la valeur courante de ces pièces d'or en francs est laissé au commerce (1). C'était aller trop loin. Ce régime a le grave défaut de supprimer complètement le rapport légal entre l'or et l'argent. Aucun texte ne détermine les conditions auxquelles l'or sera reçu dans les caisses de l'État. Le métal jaune se trouve placé dans une situation de véritable infériorité. Aussi ces lois n'eurent-elles guère d'autre effet que d'arrêter le monnayage de l'or.

La question monétaire fut reprise quelques années plus tard. Un rapport de Prieur, fait au Conseil des Cinq Cents, au nom de la Commission des finances, le 17 ventôse An VI, contient un exposé lumineux du problème. Nous ne pouvons mieux faire que d'en donner ici un extrait :

« La première section du projet de votre commission renferme encore un objet dont je dois vous entretenir, citoyens représentants, et qui est digne de toute votre attention. Il s'agit de déterminer en francs et centimes la valeur de la pièce d'or, du poids et au titre déjà décrétés.

» Cette question (qui n'est autre chose que celle du rapport de la valeur de l'or à celle de l'argent sous une même quantité) a été agitée en général depuis un certain nombre d'années et traitée par des hommes profonds dans cette branche de l'économie politique. Leur sentiment est uniforme à cet égard. Ce rapport de valeur, étant un résultat forcé de combinaisons commerciales, est en soi une quantité variable, qu'aucune

(1) M. Chevalier, ouvr. cité, p. 145.

autorité ne peut maîtriser. Il faut seulement chercher à l'apprécier avec facilité et exactitude. Pour y parvenir, il y a un moyen simple et usité chez les nations les plus éclairées : c'est de regarder la valeur de l'argent comme fixe et d'observer dans cette hypothèse les différences de la valeur de l'or. En appliquant ces principes à nos monnaies nouvelles, le franc, représentant un poids spécifié d'argent pur, a été considéré comme l'unité de valeur, à laquelle on doit rapporter toutes les autres ; celle d'un poids donné d'or, et par conséquent de notre pièce pesant un décagramme, est restée indéterminée. Tel est le système suivi dans les lois du 28 thermidor An III, sous l'obligation desquelles nous sommes placés.

» Il n'y avait que deux partis à prendre à l'égard de la pièce d'or : ou de lui conserver constamment la même valeur nominale, en faisant des changements à son titre ou à son poids toutes les fois que les circonstances l'exigeraient, c'est-à-dire quand il serait survenu un changement sensible dans le rapport de valeur des métaux précieux ; ou de rendre immobiles les titres et les poids, en abandonnant, par conséquent, la valeur à toutes les variations qu'elle est susceptible de prendre.

» Le premier moyen était celui pratiqué sous la monarchie. Et, en effet, pour maintenir le louis dans sa valeur de 24 livres, on a, à différentes époques, altéré la qualité et la quantité de la matière. Mais quelle inexactitude cette méthode laisse subsister habituellement ! Que d'embarras, que de dépenses dans le renouvellement des espèces qu'elle nécessite, surtout s'il doit se

recommencer un nombre de fois indéfini! et quel pré-
texte pour couvrir des manœuvres perfides ou du
moins inquiétantes : témoin la refonte de Calonne.

» Le moyen à préférer sous la République n'était
donc pas douteux. L'immuabilité de la partie maté-
rielle, qui est de l'essence de notre nouveau système
monétaire, est reconnue par les meilleurs publicistes
comme un de ses plus précieux avantages. Notre législation actuelle est conforme à cette doctrine. Le vœu
du Directoire exécutif est de la voir consolider. C'est
aussi celui du ministre des finances et des commerçants réunis qu'il a consultés à ce sujet.

» Mais il reste quelque incertitude sur le mode
d'exécution du principe. Il faut éviter, surtout dans un
ordre de choses nouveau, de fournir à la malveillance
le moyen de tourmenter les citoyens ou de les tromper
et dépouiller ; il faut prévenir toute entrave dans l'administration publique. Il paraît donc nécessaire de
déterminer pour la pièce d'or une valeur pour laquelle
elle soit reçue et employée par le trésor national, de
faire connaître cette valeur par une publication solen-
nelle, d'obliger non seulement les agents publics, mais
même tous ceux qui font un service placé sous l'inspec-
tion spéciale du gouvernement, à prendre dans les
payements les pièces d'or qui lui seraient offertes au
taux légalement déterminé ; et si l'on ajoute à ces dispositions celle de faire proclamer périodiquement la
valeur légale de l'or, à des intervalles assez rapprochés
pour qu'elle ne diffère pas très sensiblement en aucun
temps du prix réel de cette matière dans le commerce,
on aura rempli les conditions du problème ou, du

moins, approché suffisamment de son exacte solution.

» Ainsi la question se réduit à établir, d'après des données convenables, la fixation de la valeur temporaire de la pièce d'or, à choisir l'agent qui doit proclamer cette valeur et à indiquer les époques des proclamations.

» La commission des finances vous propose sur cet objet de statuer que la trésorerie nationale sera chargée de publier, le premier vendémiaire et germinal de chaque année, la valeur du décagramme d'or monnayé en prenant pour cette valeur la moyenne de son prix commercial à Paris dans les six mois précédents, au moyen de quoi le cours légal de la pièce serait conforme à cette valeur pendant la durée entière de chaque semestre. La trésorerie serait tenue, en outre, de rendre compte immédiatement au Corps législatif du travail qu'elle aurait fait à cet égard et de lui transmettre les éléments de son calcul.

» On voit que cette détermination de la valeur de l'or n'est pas ici un commandement de l'autorité, mais seulement la déclaration authentique d'un fait qui n'est qu'un résultat d'opération arithmétique dont les éléments sont fournis par les registres mêmes de la bourse. »

Un projet de loi, consacrant ces idées si justes, fut présenté au pouvoir législatif, qui semblait disposé à le voter. Malheureusement, au cours de la discussion, la commission des finances crut devoir retrancher de ce projet les articles relatifs à la détermination du cours légal de l'or, c'est-à-dire précisément les dispositions qui comblaient les lacunes des lois du 28 thermidor An III. Bien que ce retrait ne fût pas l'indice d'un revirement d'opinion, la détermination du cours de l'or devant faire l'objet d'une loi ultérieure, il eut pour conséquence le rejet de la loi. Le système de Prieur fut l'objet de rapports favorables de l'Institut et de l'administration des monnaies.

La question monétaire revint à l'ordre du jour au commencement de l'An IX. Il était nécessaire de fixer le cours légal de l'or, si l'on voulait rendre à ce métal la place qui lui revient dans la circulation monétaire. Dans son rapport aux consuls, le ministre des finances Gaudin examine la question de savoir s'il convient de maintenir le système de l'An III, qui donne à la pièce d'or fixité de poids et mobilité de valeur. Gaudin n'ignore pas que le système contraire, c'est-à-dire la fixité de valeur, entraîne comme corollaire la mobilité de poids et, par conséquent, la refonte périodique des pièces d'or. Mais il ne partage pas le sentiment de Prieur au sujet des inconvénients de cette refonte et conclut à la création de monnaies d'or d'une valeur fixe. Comme point de vue de départ, il propose l'adoption, pour les valeurs relatives de l'or et de l'argent, du rapport de 1 à 15 1/2, conforme en ce moment à la réalité commerciale. Mais il est bien entendu que cette fixation légale n'a rien d'immuable et que le rapport changera aussi souvent que la valeur réelle de l'or par rapport à l'argent. Gaudin le déclare formellement : « L'or sera avec l'argent comme 1 est à 15 1/2. *S'il survient avec le temps des événements qui forcent à changer cette proportion, l'or seul devra être refondu.* »

Et l'article 6 du projet de loi annexé à son rapport renferme le paragraphe suivant : « Si des circonstances impérieuses forcent à changer cette proportion (de 1 à 15 1/2), les pièces de monnaie d'or seront refondues. »

Au Conseil d'État, qui affirme ses préférences pour la monnaie d'or de volume fixe et de valeur mobile, deux courants d'opinions se dessinent : l'un voudrait laisser la valeur de la pièce d'or complètement indéterminée ; l'autre, représenté notamment par M. Béranger, rapporteur de la section des finances, se prononce pour la fixation périodique du cours légal de l'or. Finalement, le système présenté par Gaudin l'emporta.

Nous avons analysé plus haut les dispositions essentielles de la loi du 7 germinal An XI. Cette loi ne reproduit pas la disposition contenue dans l'article 6 du projet de Gaudin. Mais le principe n'en reste pas moins debout ; il est contenu dans la *Disposition générale* qui précède l'article 1er, disposition dont la portée est clairement indiquée dans l'exposé des motifs. Cette *Disposition générale*, dit l'exposé, « tend à ramener vers un point fixe toutes les variations de valeur qui peuvent survenir entre les métaux employés à la fabrication des monnaies ».

Il est hors de doute que la loi de germinal, encore en vigueur en France, a établi un régime monétaire basé sur l'étalon unique, qui est le franc d'argent, l'or étant admis comme auxiliaire, apte à être transformé en monnaie légale, mais demeurant subordonné à l'argent.

Cette loi a virtuellement posé comme principe que le rapport légal entre l'or et l'argent devrait toujours être maintenu conforme à la réalité commerciale.

Si, malgré la baisse de l'or constatée vers 1860, malgré celle de l'argent survenue dans les dernières années, malgré les nombreuses oscillations de moindre amplitude qui se sont produites pendant le siècle, le rapport légal est resté invariablement fixé à 15 1 2 ; si, en un mot, l'esprit de la loi a été méconnu au point de transformer, en fait, le régime de l'étalon d'argent en celui du double étalon, c'est parce que le système défendu par Gaudin était pratiquement inapplicable.

Prieur avait des vues plus justes lorsqu'il signalait les difficultés d'une refonte périodique des monnaies d'or. Ces difficultés sont inévitables et insurmontables. Ou bien le gouvernement tiendra compte des plus légers écarts de valeur, et, dans ce cas, il sera obligé de refondre constamment, ce qui entraînera une grande perturbation dans les affaires et une lourde charge pour le Trésor public ; ou bien il attendra que l'écart soit devenu assez sensible, soit dans le sens de la hausse, soit dans le sens de la baisse. Mais, en cas de hausse, toute la monnaie d'or disparaîtra de la circulation, en vertu de la loi de Gresham ; elle sera drainée par la spéculation. En cas de baisse, au contraire, elle affluera dans le pays d'origine, mais le gouvernement ne se décidera que bien difficilement à subir la perte résultant d'une démonétisation et attendra indéfiniment des temps meilleurs. C'est ainsi que les choses se sont passées dans les pays de l'Union latine.

La seule solution pratique nous paraît donc celle qui consiste, comme le proposaient Prieur et Béranger, à donner aux monnaies faites du métal subordonné fixité de poids et mobilité de valeur, étant entendu que cette valeur mobile sera fixée par le Souverain, chaque fois que les circonstances l'exigeront.

Cette solution permet de combiner l'adoption de l'étalon unique, voulu avec raison par la doctrine, avec le maintien des deux métaux dans la circulation sur un pied d'égalité, réclamé par l'expérience et consacré par la tradition.

Son principal défaut réside dans le changement qu'elle impose à nos habitudes. Si les monnaies faites du métal subordonné sont de valeur mobile, elles ne pourront plus porter les mêmes dénominations que les monnaies de valeur fixe, faites du métal étalon. Il y a là une dérogation aux idées apprises qui pourra paraître étrange dans les commencements.

On doit admettre cependant que l'identité de dénominations, que nous sommes habitués à appliquer à des choses qui ne *peuvent pas* être constamment semblables, crée un système bien autrement artificiel et compliqué. Cette identité est la cause de toutes les obscurités qui règnent dans les théories monétaires. Un économiste distingué faisait récemment cette remarque : « Nous appelons franc un poids de o,3225 grammes d'or à neuf dixièmes de fin ; nous appelons franc un poids de 5 grammes d'argent, à neuf dixièmes de fin. Il est probable que, si deux noms différents avaient été réservés à ces deux objets, l'humanité serait aujourd'hui plus avancée dans l'étude du problème (1) . »

En examinant les choses de plus près, on arrive à reconnaître que l'adoption du décagramme d'or, par

(1) R. G. Lévy, *l'Avenir des métaux précieux.*

exemple, subordonné au franc d'argent qui constitue-
rait l'étalon, ne porterait guère atteinte à nos habitudes, principalement pour ce qui regarde les petites
transactions de tous les jours, qui sont les plus nombreuses et pour lesquelles la force de la routine serait
la plus rebelle à toute réforme.

Les prix de toutes choses, des denrées, des salaires,
des loyers, les rentes, les impôts, les traitements continueraient, comme par le passé, à être énoncés en
francs. Seulement, le débiteur d'une somme déterminée aurait, sauf convention contraire, le droit de
se libérer en offrant en payement un certain nombre de
grammes d'or, au taux légal du jour.

La spéculation basée sur la différence entre le cours
légal et la valeur réelle des métaux précieux ne pouvant plus s'exercer, on ne verrait plus se produire ces
drainages et ces refoulements ayant pour effet d'accu-
muler dans certaines régions toute la monnaie d'or,
dans d'autres toute la monnaie d'argent : les deux
métaux se répartiraient uniformément et répondraient
aux appels du commerce.

Sous l'action libre des lois économiques, on verrait
probablement l'argent servir aux petites transactions
et aux affaires intérieures de chaque pays, tandis que
l'or serait utilisé surtout dans la circulation internationale. Une telle répartition de fonctions serait conforme aux vœux formulés par tous les économistes et
aux nécessités pratiques (1).

(1) V. Rapport de M. Guyot, député du Rhône, cité ci-dessus. —
V. aussi Procès-Verbaux de la conf. monét. de Bruxelles, 1892, avis de
MM. de Rothschild, van den Berg, Boissevin, Tirard, etc.

Le système de l'étalon d'argent combiné avec le gramme d'or de valeur mobile ne doit pas être considéré comme une de ces utopies dont la période révolutionnaire fut si féconde et qui ne résistent pas à un examen approfondi. Les idées de Prieur et de Béranger ont été reprises, dans le courant de ce siècle, par des économistes du plus grand mérite, auxquels on ne contestera pas une compétence toute spéciale en matière monétaire. M. Michel Chevalier les a défendues avec grand talent dans son ouvrage sur *la Baisse probable de l'or*, que nous avons eu plusieurs fois l'occasion de citer, et dans son *Cours d'économie politique*. Il propose formellement (p. 216) de frapper des pièces d'or de 5 ou de 10 grammes, dont la valeur en francs varierait d'après le cours de l'or par rapport à l'argent. Ce cours serait fixé légalement à des intervalles réguliers. Toutefois, M. Chevalier se demande s'il ne conviendrait pas de limiter le pouvoir libératoire de ces pièces d'or, pour les payements de particulier à particulier. Cette restriction nous paraît sans portée, si l'on admet avec nous que la puissance libératoire de la monnaie dépend toujours de la volonté expresse ou tacite des parties (1).

M. Stas, délégué de la Belgique à la conférence monétaire internationale réunie à Paris en 1867, proposa l'adoption d'un système monétaire nouveau, basé sur une unité d'or de 5 ou 10 grammes. Mais il ne paraît pas que cette proposition ait fait l'objet

---

(1) M. Chevalier a consacré à l'exposé de ce système un chapitre de son article sur la Monnaie, inséré dans le *Dictionnaire de l'économie politique*, de MM. Coquelin et Guillaumin.

d'une discussion approfondie (1). MM. le comte de Vintimille, Léon et J. Garnier proposèrent, à cette même conférence, un système basé sur l'étalon unique d'or. ayant pour base le gramme d'or et ses multiples décimaux, avec des pièces à poids ronds métriques, sans indication de valeur fixe (2). L'exposé des motifs produits en faveur de ce système n'indique pas le rôle qui serait réservé à l'argent.

M. Frère-Orban, qui, étant ministre des finances, avait chargé M. Stas de présenter le système du gramme d'or à la conférence de Paris, exposa et défendit ses idées avec chaleur à la Chambre belge, en 1873 (3).

En octobre 1876, M. J. Garnier, l'économiste bien connu, publia, dans le *Journal des Économistes*, une *proposition de loi relative à la refonte des monnaies en France*. Cette proposition est précédée d'une sorte d'exposé des motifs qui contient quelques remarques d'une grande justesse. « La suppression du rapport légal, dit l'auteur (4), et son remplacement par le rapport marchand, ce qui n'est autre chose que le libre échange des métaux, feraient disparaître, dans le raisonnement, la théorie fort embrouillée des deux étalons et, dans la pratique, les inconvénients du lien artificiel qui masque les prix naturels des métaux précieux et des autres denrées et qui a amené les complications de

---

(1) Conf. monét. intern. Paris, 1867. Séance du 18 juin, pp. 10 et 11.
(2) Documents publiés par M. Malou, 1874, 4ᵉ fasc., pp. 17 et 28.
(3) *Annales parlem.* Séances des 22 et 25 novembre.
(4) Pour être tout à fait dans le vrai, il aurait fallu dire : la suppression du rapport légal *fixe*.

la circulation et la disparition tantôt d'un métal, tantôt de l'autre, de celui qui se trouvait le moins apprécié par le rapport. Elle fait disparaître les objections contre l'emploi des deux métaux, c'est-à-dire aujourd'hui contre l'emploi de l'argent, objections qui, en définitive, ne s'adressent qu'au rapport fixe. »

Malheureusement, lorsqu'il formule son projet de loi, M. Garnier modifie assez maladroitement l'économie du système de Prieur et de Béranger. Il supprime (art. 14) le rapport légal de 1 à 15 1/2. Mais, en même temps, par une contradiction inexplicable, il inscrit sur les monnaies d'or, à côté du poids et du titre en millièmes, les mots : *1 d'or, valant 15 1/2 d'argent* (art. 1er). Le rapport des deux métaux sera fixé officiellement, mais le pouvoir libératoire de l'argent est limité à 500 francs (art. 14). La frappe des monnaies d'or basées sur le gramme sera libre, mais le cours de ces monnaies ne sera pas forcé (art. 15 et 16), sauf pour les hauts fonctionnaires de l'État, qui seraient tenus de la recevoir en payement de leurs traitements (1).

(1) Ces incohérences et ces singularités ont été critiquées avec sagacité par M. Th. Mannequin, *le Problème monétaire*, etc., pp. 67 et suiv. — Voir encore, au sujet du système de M. Garnier, le rapport de M. Guyot, déjà cité, p. 148. Plusieurs autres combinaisons plus ou moins ingénieuses, basées sur le principe de la monnaie de valeur mobile, mesurée par son poids, ont été mises en avant par des économistes aux travaux desquels nous nous bornons à renvoyer le lecteur. Voir notamment : A. Hennau, *Quelques vues sur l'émission d'une nouvelle monnaie d'or*. Bruxelles, 1839. — Dr Groote, Mémoire publié par le comité du *Handelstag* de Berlin, cité par Wolowski, pp. 100 et 132. — Feer. Herzog, Système à étalons parallèles, cité par St. Jevons, *op. cit.*, p. 79. — Courtois, système exposé et discuté par Mannequin, *op. cit.*, pp. 62 et suiv.

Les critiques que l'on a formulées contre ces différentes combinaisons, et dont plusieurs sont parfaitement fondées, n'atteignent pas le système défendu par Prieur et Béranger. Celui-ci nous paraît inattaquable en théorie et satisfaisant à toutes les nécessités pratiques.

Est-ce à dire qu'il soit absolument sans défaut? Aucune création humaine n'en est totalement exempte. M. Michel Chevalier a signalé le premier la difficulté que les comptables de toute catégorie pourraient éprouver à arrêter leurs écritures. « Par cela même, dit-il, qu'il aurait en caisse des pièces d'or, le comptable, qui serait fondé le 31 décembre à se considérer comme nanti d'une certaine somme, aurait, sans y avoir touché, quelque chose de plus ou quelque chose de moins le 1ᵉʳ janvier, lorsqu'aurait eu lieu la revision périodique du tarif des pièces d'or par rapport à l'argent. Ce que je dis des comptables serait vrai de tout particulier ayant chez lui ou dans sa poche du numéraire en or. En ce qui concerne les receveurs des deniers publics, l'objection est sérieuse. Il semble, en effet, qu'ils seraient placés dans une situation fausse, et tous les six mois (je suppose que la revision fût semestrielle) exposés à subir une perte sèche ou en voie de faire un profit immérité. » Mais il ajoute immédiatement qu'il suffirait, pour lever la difficulté, que les comptables constatassent séparément ce que leur caisse contient d'or et d'argent.

Au fond, la difficulté n'est pas plus grande que lorsqu'il s'agit d'évaluer dans un bilan des fonds publics, des obligations ou des actions de sociétés commerciales, dont la valeur varie presque quotidiennement.

La mobilité de la valeur des pièces d'or aurait
encore cette conséquence que le créancier d'une somme
déterminée, 1,000 francs, par exemple, serait, sauf convention contraire, obligé de recevoir en payement un
certain nombre de grammes d'or qui pourraient, le
lendemain, n'être plus exactement l'équivalent de ces
1,000 francs. Il serait exposé à subir une perte, comme
il aurait la chance de réaliser un bénéfice. Mais il y a
lieu de remarquer que cet inconvénient ne découle pas
du système monétaire, mais résulte de la nature des
choses, contre laquelle aucune loi ne peut réagir.
Toutes les valeurs sont sujettes à augmentation ou à
diminution et nos monnaies elles-mêmes, en dépit des
inscriptions légales qui leur donnent l'apparence de
l'immutabilité, n'échappent point à la règle générale.
Le système des valeurs mobiles ne ferait que rendre
visible ce que dissimule aujourd'hui la fiction du
rapport légal fixe.

La valeur respective des deux métaux aurait, du
reste, beaucoup plus de stabilité, à dater du jour où, le
cours légal des métaux étant conforme au cours marchand, la spéculation perdrait son principal stimulant.

Prieur proposait de fixer le cours légal de l'or tous
les six mois. Aujourd'hui, grâce au télégraphe, la situation du marché universel est connue à tous les moments;
rien ne s'opposerait donc à ce que ce cours légal fût
fixé à des intervalles plus rapprochés, tous les mois
ou même plus souvent si l'utilité en était reconnue.
Dans ces conditions, les variations d'un cours à l'autre
seraient à peine sensibles.

Malgré toutes les dispositions ingénieuses que la

pratique pourrait suggérer pour assurer l'exactitude
la plus rigoureuse, les détenteurs de numéraire en or
continueraient à être exposés, si le métal subissait une
baisse constante, à subir une perte, au même titre que
le détenteur de blé ou de toute autre marchandise
soumise à la loi de l'offre et de la demande. En cas
de hausse de l'or, la perte serait pour les détenteurs
de monnaie d'argent.

Mais la perte ne serait pas concentrée exclusivement
dans certains pays, comme il arrive actuellement,
lorsque se produit une crise monétaire. A l'inverse de
ce qui a lieu de nos jours, où nous voyons, sous
l'action combinée des lois et de la spéculation, la
monnaie de chaque pays se composer presque exclusivement d'un seul métal, l'adoption générale du système
aurait pour effet de distribuer uniformément la circulation de l'or et de l'argent. Par conséquent, les pertes
que l'on ne pourrait éviter seraient réparties comme
la monnaie elle-même et disséminées d'une manière plus
équitable qui les rendrait moins lourdes à supporter.